Bibliografische Information der Deutschen Nationalbibliothek:

Die Deutsche Bibliothek verzeichnet diese Publikation in der Deutschen National-bibliografie; detaillierte bibliografische Daten sind im Internet über http://dnb.d-nb.de/ abrufbar.

Impressum:

Copyright © 2006 GRIN Verlag, Open Publishing GmbH
Druck und Bindung: Books on Demand GmbH, Norderstedt Germany
ISBN: 9783638664653

Dieses Buch bei GRIN:

http://www.grin.com/de/e-book/56537/ebxml-ein-ueberblick

Daniel Krauß

ebXML - Ein Überblick

GRIN Verlag

Abstract

Bereits seit über 30 Jahren bemühen sich Unternehmen um einen möglichst effektiven und kostengünstigen elektronischen Austausch von Daten. Hierzu wurden verschiedene Standard-lösungen entwickelt von denen besonders EDIFACT in Europa Verbreitung fand. Allerdings ist EDIFACT nicht die erwünschte Optimallösung und mittlerweile auch in die Jahre gekommen, da es ursprünglich nicht auf heutzutage modernen Lösungen wie Internetprotokollen und XML beruhte. ebXML wurde ins Leben gerufen um die vorhandenen Schwachstellen und Probleme bereits existierender Lösungsansätze zu beseitigen. Es soll nicht nur den eigentlichen Austausch von Geschäftsnachrichten ermöglichen, sondern den gesamten Ablauf von e-Business-Aktivitäten zwischen Unternehmen unterstützen. ebXML ist also ein sehr umfassendes Rahmenwerk mit zahlreichen Spezifikationen, die vom Auffinden potentieller Geschäftspartner über Geschäftsprozessmodellierung und Verwaltung von Unternehmensprofilen bis hin zur letztendlichen Transaktionsabwicklung reichen. Das Projekt bedient sich der Markup-Language XML sowie weiteren offenen Standards um insgesamt ein offenes, kostengünstiges und für jedermann zugängliches System zu schaffen.

Inhaltsverzeichnis

Abkürzungsverzeichnis

ANSI ASC	American National Standards Institute
ASC X12	Accredited Standards Committee X12
B2B	Business-To-Business
BOV	Business Operational View
CPA	Collaboration Protocol Agreement
CPP	Collaboration Protocol Profile
DNS	Domain Name System
DTD	Document Type Definition
EDIFACT	Electronic Data Interchange For Administration, Commerce and Transport
EDV	Elektronische Datenverarbeitung
FSV	Functional Service View
FTP	File Transfer Protocol
HTTP	Hypertext Transfer Protocol
KMU	Kleine und mittlere Unternehmen
MIME	Multipurpose Internet Mail Extensions
OASIS	Organisation for the Advancement of Structured Information Standards
POP	Post Office Protocol
SMTP	Simple Mail Transfer Protocol
UDDI	Description, Discovery and Integration
UID	Unique Identifier
UML	Unified Modeling Language
UN/CEFACT	United Nations Centre for Trade Facilitation and Electronic Business
URN	Uniform Resource Name
VAN	Value Added Networks
XML	Extensible Markup Language

1 Einführung

1.1 Entstehungshintergrund

Bereits seit Mitte der 1960er hatten Unternehmen die Vision eines Austauschs von Geschäftsinformationen auf elektronischem Weg. Immer leistungsstärker und erschwinglicher werdende EDV-Systeme sowie die Aussicht auf effizienten, automatisierbaren und kostengünstigen Datenaustausch zwischen verschiedenen Unternehmen begünstigten diese Entwicklung. Doch zwischen Wunschvorstellung und technischer Umsetzung klaffte eine nicht zu unterschätzende Lücke. Es stellte sich die Frage, wie der Nachrichtenaustausch zwischen zwei verschiedenen Unternehmen mit unterschiedlicher Infrastruktur und Softwaresystemen realisiert werden konnte. An ein homogenes Netz wie das Internet dachte damals schließlich noch niemand und die heute bekannten gängigen Kommunikationsprotokolle (wie z.B. HTTP, FTP, SMTP, usw.) waren auch noch nicht verfügbar. Es bedurfte also eines Standards, auf dessen Basis der elektronische Datenaustausch stattfinden konnte.

Ein erster Ansatz wurde 1982 mit ANSI ASC X.12 veröffentlicht, der Datenstrukturen zum Nachrichtenaustausch zwischen verschiedenen Computersystemen beschreibt. Dieser Standard fand jedoch vornehmlich nur in den USA Verbreitung. Der erste übergreifende europäische Ansatz wurde 1988 mit EDIFACT vorgestellt. Diese Lösung unterschied sich vor allem hinsichtlich des Nachrichtenaufbaus von ANSI ASC X12 und entwickelte sich in der Folgezeit zum bedeutendsten Projekt in Europa.

Doch auch EDIFACT vermochte es letztendlich nicht sich flächendeckend zu verbreiten. Ein Grund waren sicherlich die hohen Investitionskosten in die Infrastruktur und die benötigten Softwarekomponenten. Somit beschränkte sich der Einsatz von EDIFACT in der Praxis im Wesentlichen auf große Firmen, die in der Lage waren die hohen Kosten zu tragen; bei kleineren und mittleren Unternehmen fand es jedoch kaum Verbreitung. Zudem ist dieser Standard nun auch schon fast 20 Jahre alt. Zwar wurden in der Zwischenzeit aufgekommene neue Technologien genutzt, wie z.B. das Internet oder auch schon die Markup Language XML. Diese nachträgliche Einbeziehung stellt jedoch keine optimale Lösung dar, da EDIFACT ursprünglich nicht auf diese Basis aufbauend konzipiert wurde.

Außerdem bieten die erwähnten Ansätze keine ausreichende Möglichkeit kurzfristige Geschäftsbeziehungen aufnehmen und direkt miteinander kommunizieren zu können. Vielmehr ist im Prinzip eine vorherige Absprache gefolgt von einer zeitintensiven Implementierung bzw. Anpassung der benötigten Systeme notwendig. Eine weitere Schwachstelle der bisher bekannten Systeme zum elektronischen Datenaustausch ist ihre nur bedingte Eignung für brachenübergreifende Kommunikation. Es existieren zwar einige gute Ansätze, doch sind diese zumeist nur auf den Einsatz für eine bestimmte Branche oder sogar nur für den Austausch zwischen wenigen Unternehmen ausgelegt und somit nicht massentauglich.

Um diese Probleme zu überwinden, riefen die Organisation for the Advancement of Structured Information Standards (OASIS) und UN/CEFACT 1999 ebXML ins Leben. Hierbei brachte OASIS technisches Know-how und UN/CEFACT, als Entwicklerin von ANSI X.12 und EDIFACT, Erfahrung mit Geschäftsprozessen ein. Dem Projekt gehören im Wesentlichen alle bedeutenden Unternehmen - wie z.B. die ASC X12-Gruppe, IBM oder Sun – sowie verschiedene Standardisierungsorganisationen an. Lediglich Microsoft ist als einziges bedeutenderes Unternehmen nicht involviert. Insgesamt wurden in der Entwicklungsphase von ebXML 14 Länder und ca. 1000 Unternehmen repräsentiert.

Nach 18monatiger Entwicklungszeit wurde der erste Projektabschnitt mit der Veröffentlichung aller unabhängig voneinander entwickelten Spezifikationen – deren Gesamtheit ebXML bildet – im Jahr 2001 abgeschlossen. Danach folgte eine zweite Entwicklungsphase in der die meisten Spezifaktionen noch ergänzt bzw. angepasst wurden. Mit dem Ende dieser zweiten Phase wurde die Entwicklung von ebXML 2003 als abgeschlossen erklärt. Trotzdem arbeiten die Entwickler immer noch an neuen Versionen der einzelnen Spezifikationen. Diese Arbeiten beschränken sich aber im Wesentlichen auf Optimierung und Behebung noch auftretender Fehler sowie die Anpassung an veränderte Umweltbedingungen, wie z.B. Modifizierungen der benutzten Techniken (z.B. XML, Übertragungsprotokolle, usw.). Das in den ersten beiden Entwicklungsphasen geschaffene technische Gesamtkonzept bleibt hierbei jedoch unangetastet.

1.2   Ziele

Das Bestreben der ebXML-Initiative ist, „einen einheitlichen, weltweiten, konsistenten Austausch elektronischer Geschäftsdaten auf der Grundlage von XML [zu] ermöglichen." [1] Ein besonderes Augenmerk liegt hierbei auf der Minimierung von Eintrittsbarrieren für kleine und mittlere Unternehmen (KMU), ebenso wie für Entwicklungsländer. Außerdem soll der Datenaustausch zwischen unterschiedlichen Branchen angehöriger Unternehmen erleichtert werden. Wie schon erwähnt sind dies wesentliche Schwachstellen des bisherigen Quasi-Standards EDIFACT.

ebXML soll keinen Gegenpol zum schon seit fast 30 Jahren praktizierten Electronic Data Interchange (EDI) darstellen, sondern eher darauf aufsetzen und ein einheitlicheres System – ohne ein schwer überschaubares Geflecht von proprietären Teillösungen – bilden. Hierbei sollen die durch XML neu entstandenen Möglichkeiten genutzt werde, womit es für Unternehmen wesentlich einfacher und kostengünstiger werden soll, Systeme zum elektronischen Datenaustausch zu implementieren und zu betreiben. Dies ist ein wesentlicher Punkt um das oben genannte Ziel der Minimierung von Eintrittsbarrieren für KMU und Entwicklungsländer zu erreichen.

Ziel des Projektes ist es jedoch nicht nur, einen reinen Standard zum Austausch von Geschäftsnachrichten zu schaffen, sondern vielmehr ein komplettes Rahmenwerk an Spezifikationen bereitzustellen.

Sicherlich ist der automatische Austausch von Geschäftsdaten das letztendliche Ziel, doch ist hierfür auch eine nicht zu unterschätzende Vorarbeit nötig. Hierzu gehören z.B. das Auffinden geeigneter Geschäftspartner, die Klärung von Detailfragen hinsichtlich der Datenübertragung (z.B. benutzte Ports) oder auch die Modellierung von Geschäftsprozessen. ebXML will alle hierfür notwendigen Mechanismen zur Verfügung stellen.

Das ebXML-Projekt ist also modular angelegt, so soll es ermöglicht werden, einzelne Features getrennt voneinander zu entwickeln und weiterzuentwickeln sowie unabhängig voneinander implementieren und einsetzen zu können. Letzteres hat wiederum eine potentiell breite Zielgruppe und Anwendungsszenarien zur Folge.

1.3 Anwendungsbeispiel

Abbildung 1 zeigt ein exemplarisches Szenario wie ebXML in der Praxis genutzt werden kann.

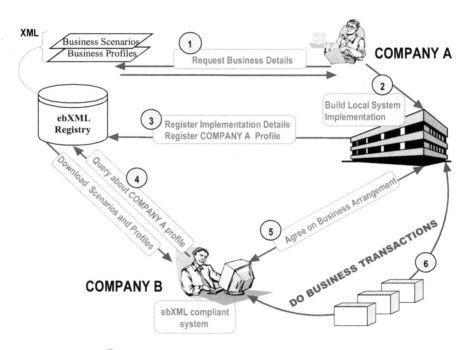

Abbildung 1: Überblick Interaktion zwischen zwei Unternehmen, aus: [3]

Unternehmen A fordert in dem Beispiel im ersten Schritt Daten und Information über Geschäftsszenarien bzw. Kernkomponenten an, die in einem Datenbanksystem – der sogenannten ebXML Registry – gespeichert sind. Auf Basis dieser Daten implementiert es – selbst oder mit Hilfe eines Drittanbieters – ein lokales ebXML kompatibles System. In Schritt drei registriert es sich, indem es sein Unternehmensprofil in der Registry ablegt. Dieses Profil kann allgemeine Informationen zum Unternehmen wie z.B. Branche, Unternehmenssitz, unterstützte Transportprotokolle, Netzwerkadressen, Kontaktinformationen, aber auch Daten zu seinen unterstützten Geschäftsszenarien beinhalten. Diese Informationen können nun von anderen Unternehmen abgefragt werden. In der Beispielgrafik findet Unternehmen B bei einer Anfrage an die ebXML Registry Unternehmen A, etwa weil es relevante Geschäftsszenarien unterstützt und über kompatible Schnittstellen verfügt.

Nun kann eine Geschäftsvereinbarung zum Austausch von Daten via ebXML abgesprochen werden. Nach einer eventuellen Verhandlungsphase wo z.B. Fragen bezüglicher technischer Details wie Transportkanäle und Verschlüsselungsmethoden geklärt werden, erfolgt der Vertragsabschluss. Alle getroffenen Vereinbarungen werden in Form des Collaboration Protocoll Agreements (CPA) in der Registry hinterlegt. Nachdem jedes Unternehmen, sich an der CPA orientierende Applikationen und Schnittstellen geschaffen hat, kann eine Transaktionsabwicklung über ebXML realisiert werden.

1.4   ebXML Architektur

ebXML besteht aus mehreren Komponenten, die alle in sogenannten Spezifikationen beschrieben und definiert werden:

- Technical Architecture Specification Version 1.04

- Business Process Specification Schema Version 1.01

- Registry Information Model Version 2.0

- Registry Services Specification Version 2.0

- Requirements Specification Version 1.06

- Collaboration-Protocol Profile and Agreement Specification Version 2.0

- Message Service Specification Version 2.0

Bevor im Detail auf die einzelnen Komponenten und wesentlichen Pfeiler des ebXML-Projektes eingegangen wird, soll zum besseren Verständnis anhand einer Abbildung ein Überblick über die Architektur und deren wichtigster Komponenten gegeben werden.

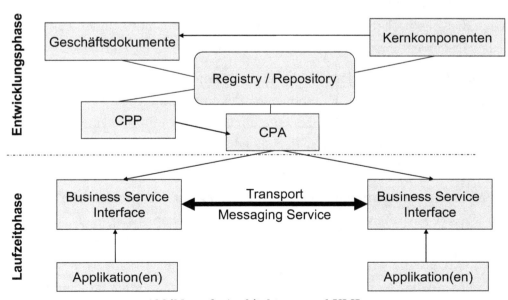

Abbildung 2: Architektur von ebXML

Wie in Abbildung 2 zu erkennen, lässt sich die Architektur von ebXML in zwei Teile gliedern.

Dies ist zum einen die Entwicklungsphase (Design Time Phase) und zum anderen die Laufzeitphase (Run Time Phase). Letztere spiegelt den eigentlichen Nachrichtenaustausch zwischen zwei Geschäftspartnern wider. Bis jedoch dieser automatische Austausch erfolgen kann, ist eine Vorarbeit nötig. Unternehmen müssen sich finden und anhand ihrer jeweiligen Unternehmensstrukturen und Geschäftsprozessen abwägen können, ob es für sie möglich als auch sinnvoll ist, Geschäftsdaten auszutauschen. Weiterhin müssen sie vertragliche Rahmenbedingungen für den Nachrichtenaustausch festlegen. ebXML bringt für alle erwähnten Punkte die benötigten Werkzeuge mit, die der Entwicklungsphase zugeordnet werden. Diese Phase steht also im zeitlichen Verlauf vor der Laufzeitphase die sozusagen auf die in der Entwicklungsphase geleistete Vorarbeit aufsetzt. Die bereitgestellten Werkzeuge der Entwicklungsphase müssen jedoch nicht alle genutzt werden bzw. kann auch ganz auf sie verzichtet werden. Unternehmen die sich schon kennen, müssen sich z.B. nicht noch extra suchen und finden. Ebenso wenig müssen Unternehmen, die schon längere Zeit miteinander EDI betreiben nicht zwangsläufig noch einmal vertragliche Aspekte aushandeln.

In Abbildung 2 ist die zentrale Rolle zu erkennen, die der ebXML Registry während der Entwicklungsphase zuteil wird. Sie dient als Speicherort für alle geschäftsprozess- (Geschäftsdokumente und Kernkomponenten) sowie unternehmensspezifischen (Collaboration Protocol Profile und Collaboration Protocol Agreement) Daten.

Die Entwicklungsphase wird bisweilen noch einmal in zwei weitere Abschnitte untergliedert. Dies ist zum einen die Implementierungsphase in der die ebXML Spezifikationen, Kernkomponenten und Geschäftsdokumente sowie Informationen über potentielle Handelspartner beschafft und analysiert werden sollten. Dies ist der Grundstein um überhaupt eine ebXML konforme Schnittstelle erstellen zu können. Natürlich kann diese Aufgabe auch von einem Drittanbieter übernommen werden falls ein Unternehmen nicht über das nötige Know-how oder genügend Kapazitäten verfügen sollte. In der folgenden Discovery und Retrieval Phase wird vertieft nach den Eigenschaften und Anforderungen anderer Unternehmen geforscht, die zum Aufbau eines Datenverkehrs zu beachten sind.

In den folgenden Kapiteln werden die zugrunde liegenden Spezifikationen und wesentlichen Prinzipien der bereits erwähnten Komponenten der Entwicklungs- und Laufzeitphase dargestellt. Bewusst wurde hier jeder Komponente ein eigenes Kapitel gewidmet um den modularen Aufbau von ebXML bestmöglich widerspiegeln zu können.

Begonnen wird mit der Geschäftsprozessmodellierung. Hier wird zunächst auf das Bilden von Geschäftsprozessen aus Kernkomponenten und später auf die Modellierungstechnik eingegangen. In Kapitel 3 wird anschließend gezeigt wie unternehmensbezogene Daten dargestellt und wozu diese genutzt werden können. Im folgenden Kapitel wird die Aufgabe und Organisation der ebXML Registry näher erläutert bevor dann die Spezifikation des Messaging Services erklärt wird. Im letzten Kapitel werden neben einer Zusammenfassung noch Vor- und Nachteile sowie Konkurrenten von ebXML genannt.

2 Geschäftsprozessmodellierung

2.1 Von Kernkomponenten zum Geschäftsprozess

Das ebXML-Projekt hat sich bei der Frage wie die Modellierung von Geschäftsprozessen organisiert werden soll auf ein System mit so genannten Kernkomponenten gestützt. Aus diesen Kernkomponenten können recht einfach umfassendere Geschäftsprozesse zusammengesetzt werden. So kann z.B. der Geschäftsprozess „Verkauf einer Ware" aus den Kernkomponenten „Bezahlung" und „Lieferung" zusammengesetzt werden. Natürlich ist dies nur ein sehr einfaches Beispiel und in der Praxis bestehen Geschäftsprozesse zumeist aus einer weitaus größeren Anzahl an einzelnen Komponenten.

Eine Beschreibung eines neuen Geschäftsszenarios läuft also so ab, dass man sich der nötigen Kernkomponenten bedient und aus diesen ein neues Geschäftsszenario zusammensetzt. Natürlich kann es vorkommen, dass Teile des neu zu bildenden Szenarios noch nicht als Komponenten abgelegt sind. In diesem Fall müssen dann die noch benötigten Komponenten modelliert und in der Registry abgelegt werden. Zum Erstellen dieser neuen Dokumente muss man sich aber an den in der Business Process Specification Schema gemachten Vorgaben orientieren. Durch die daraus resultierende Homogenität der abgelegten Dokumente wird zum einen die Übersichtlichkeit der Registry gewährleistet und Mehrfachspeicherungen vermieden und zum anderen auch sichergestellt, dass die Dokumente maschinell ausgelesen und verarbeitet werden können. Dies wird auch dadurch unterstützt, dass den eingereichten Objekten automatisch Informationen in Form von XML-Attributen oder Metadaten hinzugefügt werden. Dies können z.B. Informationen über die Beziehung des Objektes zu anderen Einträgen in der Registry oder Klassifizierungsmerkmale, aber auch Angaben zum übermittelnden Unternehmen usw. sein.

Die Kernkomponente erleichtern also die Entwicklung und Beschreibung neuer Geschäftsprozesse, die so entweder komplett oder zum Teil aus den schon bestehenden Komponenten zusammengebaut werden können.

Wesentliches Ziel des Systems mit Kernkomponenten ist, das diese „eine möglichst abstrakte, branchen- sowie länderübergreifende Definition von Business-Entitäten leisten und damit verhindern, dass diese für alle möglichen Kontexte neu definiert werden" [6]. Die branchen- und länderübergreifende Kompatibilität wird realisiert, indem sozusagen unterschiedliche Bezeichnungen für eine von der Funktion her gleichen Entität gesammelt und dieser zugeordnet werden. So kann sichergestellt werden, dass ein Dienstreisender, der auf seinem Flug als Passagier, beim Autoverleih als Mieter und im Hotel gemeinhin als Gast bezeichnet wird, trotzdem abstrakt gesehen nur eine Entität darstellt. Diese könnte z.B. ganz allgemein „Kunde" lauten. Somit wäre also das Problem unterschiedlicher Bezeichnungen in verschiedenen Branchen gelöst.

Ähnlich wird auch die länderübergreifende Interoperabilität sichergestellt, wo neben dem Sprachproblem auch Probleme mit verschiedenen Maßeinheiten auftreten können. So wird z.B. festgelegt, dass ein „Kunde", das gleiche wie ein „client" ist oder dass ein Yard ca. 0,91 Meter sind.

So können strukturell gleiche Prozesse mit jedoch unterschiedlichem länder- oder branchenspezifischem Vokabular, trotzdem eindeutig einem Kernprozess zugeordnet werden, was die Homogenität und Übersichtlichkeit der ebXML Registry erhöht.

2.2   Business Process Specification und Information Modeling

Die wie beschrieben gebildeten zahlreichen Geschäftsszenarien werden in der Registry hinterlegt. Eines haben alle diese verschiedenen Geschäftsprozesse gemeinsam: Sie müssen in konsistenter Struktur vorliegen um maschinell verarbeitet werden zu können. Zur Wahrung dieser einheitlichen Form dient das *ebXML Business Process and Information Meta Model* welches im Business Process Specification Schema definiert wird. Die angestrebte gemeinsame Struktur wird durch XML Document Type Definitions (DTD) und XML-Schemata festgelegt. Außerdem wird spezifiziert wie Geschäftsabläufe modelliert werden können. Zwar ist die Modellierung von Geschäftsprozessen und Informationen nicht verpflichtend, sollte dies aber geschehen, so dann auf der einheitlichen Basis der auf UML beruhenden UN/CEFACT Modeling Methodology (UMM). Diese Modellierungsmethode konzentriert sich im wesentlichen auf die Business Operational View (BOV) wobei jedoch aber auch der Functional Service View (FSV) Beachtung geschenkt wird. BOV richtet sich also mehr auf die unternehmerischen Aspekte, während bei FSV die technischen Details im Mittelpunkt stehen. So soll es Softwareanbietern ermöglicht werden, wesentliche Informationen aus der FSV-Referenz ziehen zu können ohne gesteigerte Beachtung dem BOV widmen zu müssen.

Zur Umsetzung der UML-Versionen in XML bedarf es so genannter Production Rules. Diese Regeln legen z.B. fest, dass UML Klassen zu XML Elemente werden oder abstrakte Klassen nicht in der DTD abgebildet werden.

Die einheitliche Modellierung hat mehrere Ziele. Zum einen kann so verhindert werden, dass gleiche Geschäftsprozesse mehrmals abgelegt werden obwohl sie sich nur in der Modellierungsform unterscheiden. Zum anderen ist es so auch wesentlich einfacher sowohl für Softwareanwendungen als auch für den menschlichen Anwender die abgelegten Informationen zu lesen und zu verarbeiten.

3 Collaboration Protocol Profile und Collaboration Protocol Agreement

Während die in Kapitel 3 beschriebenen Komponenten geschäftsprozessspezische Informationen beinhalten, dienen die beiden Protokolle Collaboration Protocol Profile (CPP) und Collaboration Protocol Agreement (CPA) der Speicherung von Informationen zu einzelnen Unternehmen bzw. deren Vereinbarungen untereinander. So beinhaltet etwa das CPP relevante Informationen zu den einzelnen Unternehmen. Dies können z.B. die jeweiligen unterstützten Geschäftsprozesse, Kontaktinformationen und weitere allgemeine Informationen zu dem Unternehmen selbst sein, wie z.B. die Branche in der es tätig ist etc. Desweiteren können auch technische Informationen abgelegt werden; etwa welche Software-Schnittstellen das Unternehmen zur Verfügung stellt. Es ist denkbar, dass einem Unternehmen mehrere CPPs zugeordnet werden können. Dies ist z.B. dann sinnvoll, wenn die Eigenschaften eines Unternehmens hinsichtlich verschiedener geographischer Regionen variieren.

In den CPAs werden Informationen zu Vereinbarungen gespeichert, die Unternehmen untereinander besprochen haben, wenn sie auf Basis von ebXML Datenaustausch betreiben wollen. Dies können z.B. Daten zu verwendeten Transportprotokollen, Sicherheitsrichtlinien und natürlich auch den zugehörigen Geschäftsszenarien sein.

Aufgrund der einheitlichen Ablage der CPP als XML-Dokumente in der Registry ist es möglich Schnittmengen zwischen einzelnen Unternehmen zu berechnen. Dies ist vor allem bei der Suche nach potentiellen Geschäftspartnern von Vorteil. Die in einem CPA gespeicherten Vereinbarungen zwischen zwei Unternehmen dienen vor allem der Abstimmung der unternehmensinternen Applikationen und Schnittstellen hinsichtlich der elektronischen Abwicklung von Geschäftsprozessen mit dem anderen Unternehmen

3.1 Collaboration Protocol Profile

Wie schon erwähnt beinhaltet das CPP spezifische Informationen zu den jeweiligen Unternehmen. Das CPP wird als XML-Dokument erstellt und beinhaltet im Wesentlichen folgende Elemente:

- *CollaborationProtocolProfile:* Dieses Wurzelelement enthält Namesraum-Informationen, ein eindeutiges cppid-Attribut welches zur Identifizierung des Dokumentes dient und ein Attribut das die Version des Schemas angibt auf dem das CPP beruht. Weiterhin besteht es aus den nachfolgend beschriebenen Kind-Elementen:

- *PartyInfo-Element:* Das Element dient zur Beschreibung des Unternehmens auf das sich das CPP bezieht. Theoretisch können mehrere PartyInfo-Elemente in einer CPP definiert werden; z.B. dann, wenn ein Unternehmen aus mehreren Unterorganisationen besteht.

- *Packaging-Element:* Hier werden vor allem Informationen hinsichtlich des Aufbaus der Header und des Payloads von Nachrichten gemacht. Außerdem enthält dieses Element Angaben zu Sicherheitsrichtlinien beim Packaging von Nachrichten. Auf den Aufbau von Nachrichten wird in Kapitel 5.3 noch näher eingegangen.

- *Signature-Element:* Mithilfe dieses optionalen Elementes kann dem CPP eine digitale Signatur hinzugefügt werden.

- *Comment-Element:* Auch dieses Element ist optional und erlaubt es mehrere textbasierte Kommentare aufzunehmen.

Ein CPP-Dokument könnte also wie folgt aufgebaut sein:

```
<CollaborationProtocolProfile
xmlns="http://www.ebxml.org/namespaces/tradePartner"
xmlns:ds="http://www.w3.org/2000/09/xmldsig#"
xmlns:xlink="http://www.w3.org/1999/xlink"
version="1.1">
<PartyInfo>
...
tp:partyName="CompanyA"
<tp:PartyRef xlink:href="http://CompanyA.com/about.html"/>
...
</PartyInfo>
<Packaging id="ID">
...
<tp:ProcessingCapabilities
tp:parse="true"
tp:generate="true"/>
...
</Packaging>
<ds:Signature>
...
<!--OPTIONAL-->
...
</ds:Signature>
<Comment>
Beispiel für ein CPP-Dokument
</Comment>
</CollaborationProtocolProfile>
```

Nachdem ein Unternehmen sein CPP erstellt hat, kann es es zur Speicherung in der Registry einreichen. Nach erfolgreicher Validierung durch einen entsprechenden Mechanismus wird es mit einer eindeutigen globalen Identifikationsnummer versehen und abgelegt.

3.2   Collaboration Protocol Agreement

Sobald zwei Unternehmen eine Partnerschaft zum Austausch von Geschäftsdaten vereinbaren, kommt das Collaboration Protocol Agreement (CPA) ins Spiel. Es ist sozusagen ein elektronischer Vertrag der beiden Parteien über ihre geplante Kooperation. Grundsätzlich kann es automatisch erzeugt werden, indem die CPP der beteiligten Unternehmen verglichen und sozusagen eine Schnittmenge gebildet wird, aus der das CPA erzeugt wird. Dieses CPA enthält dann aber nur die Elemente die bei beiden CPP gleich bzw. kompatibel sind. So kann es aber schon eine Basis liefern auf der anschließend Verhandlungen über weitere Punkte geführt werden können.

Vom Aufbau her ähnelt das CPA sehr dem CPP. So verfügt es auch über die Elemente Party-Info, Packaging, Signature und Comment. Auch das Wurzelement CollaborationProtocolAgreement verfügt wie das CPP-Wurzelement über die nötigen Namensraum-Definitionen. Zusätzlich verfügt es aber noch über Angaben zur Gültigkeitsdauer und zum Status des Dokumentes. Status-Attribute können sein: „proposed" falls sich das CPA noch in der Verhandlungsphase befindet, „agreed" falls beide Unternehmen dem CPA zugestimmt haben und „signed" falls es von einem oder mehreren Partnern in Form einer digitalen Signatur unterschrieben wurde.

Das CPA dient also als elektronischer Vertrag auf den sich die beiden Parteien im Streitfall berufen können. Dies könnte z.B. der Fall sein, wenn nach der Konfigurationsphase Inkompatibilitäten auftreten weil vielleicht ein Unternehmen andere Ports wie vereinbart benutzen will. Im besten Fall soll das CPA jedoch solche Unstimmigkeiten ganz verhindern, da kritische Punkte bereits im Vorfeld geklärt und die resultierenden Absprachen im CPA hinterlegt werden.

3.3   Anwendungsbeispiel

Abbildung 3 verdeutlicht wie mithilfe von CPP und CPA die automatische Abwicklung von Geschäftsprozessen initiiert werden kann.

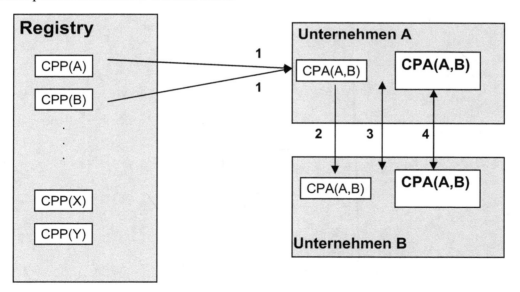

Abbildung 3: Anwendungsszenario für CPP und CPA

Unternehmen A greift auf der Suche nach einem Geschäftspartner auf die in der Registry gespeicherten Unternehmensprofile zu. Hierbei findet es Unternehmen B mit dem es gerne Transaktionen tätigen möchte.

Aus den CPPs der beiden Unternehmen wird in Schritt 1 automatisch ein vorläufiges CPA generiert, welches im zweiten Schritt von A an B gesendet wird. Auf Basis dieses CPA verhandeln die beiden Unternehmen in Schritt 3 die nötigen Parameter. Dies kann übrigens sowohl manuell als auch automatisch geschehen. Nach einer erfolgreichen Verhandlungsphase entsteht ein neues CPA welches in der Registry hinterlegt wird. Zur Konfiguration ihrer lokalen Systeme, können sich die beiden Unternehmen nun an den im CPA gespeicherten Vereinbarungen orientieren. Sobald die Systeme entsprechend konfiguriert sind, erfolgt in Schritt 4 der automatische Datenaustausch über ebXML.

Neben der automatischen Generierung eines CPA aus zwei CPPs gibt es auch noch die Möglichkeit so genannte CPA-Templates zu nutzen. In der Praxis wird solch ein Template-Dokument von einem Unternehmen A erstellt indem es alle bereits feststehenden Werte übernimmt und alle noch festzulegenden relevanten Werte offen lässt bzw. nach seinen Wünschen Vorschläge macht. Unternehmen B kann dann entweder schon feststehende Werte übernehmen oder noch zu vereinbarende Parameter nach seinen Wünschen vorschlagen bzw. abändern.

4 ebXML Registry

Die ebXML Registry ist sozusagen das Herzstück des ebXML-Projektes. In ihr bzw. ihrer als Repository bezeichneten Datenbank werden alle relevanten Daten gespeichert, die zum Aufbau einer elektronischen Geschäftsabwicklung von Belang sind. Dies sind die bereits vorgestellten Kernkomponenten, Beschreibungen und Modellierungen von Geschäftsprozessen, CPP bzw. CPA usw. Alle diese Objekte werden mit einer eindeutigen UID versehen, die auf dem URN-Schema beruht. Berechtigte Unternehmen können sich jederzeit per Zugriff auf die ebXML Registry, welcher mittels Internet realisierbar ist, Informationen zu Unternehmen beschaffen und ermitteln ob für sie ein Austausch von Geschäftsdaten mit einer oder mehreren anderen Organisationen auf Basis von ebXML in Frage kommen könnte. Umgekehrt kann sich so natürlich auch ein Unternehmen anbieten, indem es sich in der Registry registriert und damit von anderen gefunden werden kann. In erster Linie soll so eine automatische Initialisierung der Abwicklung von Geschäftprozessen auf Basis von ebXML ermöglicht werden, deren erster Schritt das Auffinden potentieller Geschäftspartner ist.

Das Konzept der ebXML Registry ist allerdings nicht ganz neu gewesen. Mit dem von Ariba, IBM und Microsoft ins Leben gerufenen Service Universal Description, Discovery and Integration (UDDI) bestand bereits ein ähnlicher Lösungsansatz zur zentralen Verwaltung von Firmenprofilen samt Informationen über angebotene Web-Services, unterstützte Protokolle und ähnliche Daten. Da es wohl schwer geworden wäre, die bereits an UDDI beteiligten Unternehmen von einem anderen Lösungsansatz zu überzeugen, ging man eine Partnerschaft ein und nutz UDDI nun als Gelben Seiten. Dies bedeutet, dass z.B. auch eine branchenbasierte Suche in der ebXML Registry auf Basis der von UDDI bereitgestellten Daten erfolgen kann.

Das Prinzip der ebXML Registry beruht auf einer dezentralen Organisation. Das heißt, dass es zahlreiche, an unterschiedlichen Orten und in verschiedenen Repositories gespeicherte Daten geben kann. Zum Aufspüren dieser Orte und Daten dient ein DNS-ähnliches System. Das Repository ist also im Prinzip eine verteilte Datenbank.

4.1 Architektur

Die Architektur der ebXML Registry besteht aus zwei Teilen. Zum einem aus dem Registry Service, der das Repository verwaltet und zum anderen den Registry Clients, die dem Zugriff auf die Registry dienen. „The architecture requires that any ebXML compliant registry client can access any ebXML compliant registry service in an interoperable manner." [5]

4.1.1 Registry Services

Alle Anfragen an die ebXML Registry bzw. Repository werden von Registry Services abgehandelt, die im Prinzip die Aufgaben eines Datenbank-Management-Systems übernehmen. In der Spezifikation wird lediglich ein Informationsmodell definiert, das von den Registry Services unterstützt werden muss.

Die Art der Implementierung der dahinter stehenden Datenbank wird dahingegen nicht vorgeschrieben und bleibt somit den jeweiligen Providern überlassen, die eine Registrysystem implementieren möchten.

Der ebXML Registry Service stellt eine Vielzahl von Schnittstellen zur Verfügung, wobei die zwei wichtigsten das Life Cycle Management Interface sowie das Query Management Interface sind. Das Life Cycle Management Interface stellt Methoden bereit, die es Clients erlauben neue Objekte einzureichen bzw. Aktionen an bereits existierenden auszuführen bzw. diese zu löschen. Das Query Management Interface kontrolliert Such- und Abfrageaktionen durch Clients.

4.1.2 Registry Clients

Das Registry Client Interface kann entweder auf Registry- oder Anwenderseite implementiert werden. Bei Einbettung auf Registryseite kann sich der Anwender so einfach über einen „thin client", z.B. einem gewöhnlichen Webbrowser, Zugriff verschaffen. Natürlich kann es auch in der Applikation des Anwenders eingebunden werden, in diesem Falle spricht man dann von einem „fat client".

5   Messaging Service

Der ebXML Messaging Service ist der wesentliche Pfeiler der Laufzeitphase und soll einen kommunikationsprotokoll-neutralen Standard definieren auf dessen Basis Nachrichten zwischen Geschäftspartnern ausgetauscht werden können. So soll eine Harmonisierung erreicht und auf proprietäre Einzellösungen verzichtet werden. Trotz der Unabhängigkeit zu festen Kommunikationsprotokollen werden in der Spezifikation Definitionen für HTTP und SMTP bereitgestellt. Diese müssen aber natürlich nicht zwingend benutzt werden. Um dem Umstand gerecht zu werden, dass nicht nur textbasierte Nachrichten sondern auch Nachrichten mit Multimedia-Anhängen verschickt werden können sollen, bedient sich die Message Service Spezifikation dem Multipurpose Internet Mail Extensions (MIME)-Format. So kann der eigentliche Inhalt auch andere Dateitypen umfassen als ausschließlich XML-Dokumente.

5.1   Einbindung von SOAP

Ursprünglich war angedacht im Rahmen der ebXML-Initiative ein eigenes Nachrichtenformat zu spezifizieren. So entstand ein erster Entwurf auf dem Konzept eines Multipart-MIME-Umschlages, der – wie bereits erwähnt – den Versand multimedialer Daten ermöglichen sollte. Allerdings wurde in der Zwischenzeit auch das zuvor als ungeeignet für den Transport großer Datenmengen befundene SOAP[1]-Protokoll zu "SOAP with Attachements" weiterentwickelt und war somit nun auch zum Versand binärer Daten geeignet. Dies und die wachsende Popularität von SOAP zwangen letztendlich die ebXML-Entwickler auf ein eigenes Protokoll zu verzichten und SOAP zu integrieren. Allerdings war dafür die Erteilung einer Lizenz erforderlich, die Microsoft und IBM schließlich gewährten. SOAP wurde allerdings nicht eins zu eins übernommen, sondern vor allem hinsichtlich der Sicherheit und Verlässlichkeit um weitere Funktionen ergänzt.

5.2   Module des Messaging Service

Der Messaging Service besteht im Wesentlichen aus dem *abstract Service Interface*, *Messaging Sevice Layer* sowie *Transport Services*.
Je nach Art und Anforderungen einer Implementierung werden die benötigten Module, welche durch die Spezifikation bereitgestellt werden, genutzt. Es ist also nicht zwingend erforderlich alle Komponenten zu nutzen, die in der Message Service Spezifikation definiert werden. So kann je nach Einsatzzweck z.B. auf Sicherheitsservices wie Verschlüsselung oder digitale Signatur verzichtet werden.
Eine mögliche Implementierung ist in Abbildung 4 zu sehen:

---

[1] Ursprünglich Abkürzung für Simple Object Access Protocol

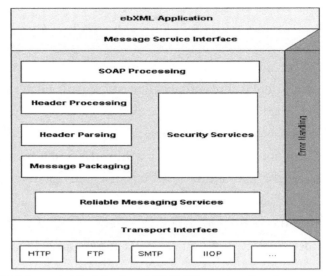

Abbildung 4: Module des ebXML Messaging Service, aus: [7]

Wie in der Grafik zu erkennen, wird von einer *ebXML Anwendung* Output erzeugt der mittels einer Schnittstelle (*Message Service Interface*) weitergereicht wird. Während des *Header Processings* werden dieser Output sowie Informationen vom CPA und Daten wie z.B. Digitale Signatur, Timestamps und UID verarbeitet. Das *Header Parsing* sorgt dafür, dass diese Informationen von jedem Message Service Handler verwertet werden können. Während dem Message Packaging wird die ebXML Message letztendlich in den *SOAP-Container* konvertiert.

Der *Security Service* stellt alle sicherheitsrelevanten Dienste wie z.B. digitale Signatur, Verschlüsselung, Authentifizierung und Autorisierung zur Verfügung. Diese Dienste können von anderen Komponenten wie Header Processing oder Parsing genutzt werden.

Der *Reliable Messaging Service* dient dem Versand und Organisation von Empfangsbestätigungen der Nachrichten [7]. Dieser Service ist also vor allem für kritische Nachrichten hinsichtlich Verlässlichkeit relevant.

Das *Error Handling* sorgt dafür, dass im Falle fehlerhafter Nachrichtenübermittlung entsprechende Fehlermeldungen generiert werden.

5.3   Aufbau einer ebXML Message

Die Definition des Packaging legt fest wie die in einer ebXML Message enthaltenen Teile organisiert werden müssen, um sie über ein Kommunikationsprotokoll versenden zu können. Abbildung 5 zeigt den Aufbau einer typischen ebXML Message.

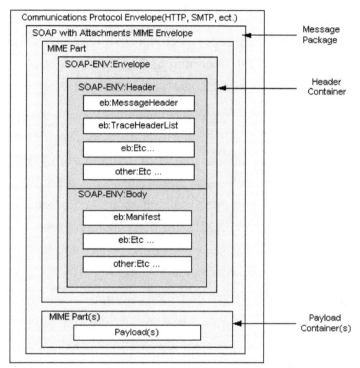

Abbildung 5: Aufbau einer ebXML Message, aus: [7]

Eine ebXML Message besteht also aus zwei logischen MIME-Abschnitten. Der erste kann als Header Container angesehen werden und beinhaltet eine SOAP konforme Nachricht. [7] Er besteht aus einem SOAP-Umschlag der einen SOAP-Header mit ebXML-spezifischen Daten enthält. Solche Daten können z.B. Informationen zum übermittelnden Unternehmen, zum betreffenden Geschäftsprozess usw. sein. Neben dem Header existiert noch der SOAP-Body mit Kontrolldaten und Informationen über die Payload Container in den folgenden MIME Abschnitten der Nachricht. Diese Payload Container sind optional, d.h. sie müssen nicht existieren. Als Payload wird der eigentliche Inhalt der Nachricht bezeichnet. Der ebXML Messaging Service ist so spezifiziert, dass der Payload nicht unbedingt in XML-Form sein muss; er kann vielmehr jedes beliebige Datenformat haben.

6   Resümee und Ausblick

ebXML ist ein umfassendes Rahmenwerk aus verschiedenen, modular entwickelten Spezifikationen. Es unterstützt nicht nur den eigentlichen Nachrichtenaustausch, sondern liefert darüber hinaus Werkzeuge zum Auffinden geeigneter Geschäftspartner, zum sinnvollen Verwalten und Modellieren von Geschäftsprozessen, sowie zum Bilden von Unternehmensprofilen und Ablegen elektronischer Vereinbarungen zwischen Unternehmen. Zum Verwalten von Zugriffen und zum Speichern dieser Informationen als XML Dokumente dient die ebXML Registry, die man gerne als Herzstück bezeichnen darf. So reicht ebXML vom Auffinden geeigneter Geschäftspartner über die Initialisierung eines elektronischen Datenaustausch bis hin zum automatischen Vollzug dieses Austausches.

Im Gegensatz zu bisherigen Verfahren zur elektronischen Datenübertragung – wie z.B. EDI-FACT – benötigt ebXML sicherlich wesentlich mehr Ressourcen. Zum einem zur Übertragung der umfangreichen XML-Dokumente und zum anderen zum lokalen Verarbeiten (parsen) dieser. Allerdings relativieren sich diese Nachteile, wenn man die heutzutage verfügbaren Möglichkeiten hinsichtlich Bandbreite, Rechenleistung und Speicherkapazitäten in Betracht zieht. „Außerdem überwindet ebXML die bei den bisherigen EDI-Standards übliche Punkt-zu-Punkt-Kommunikation und nutzt anstatt proprietärer und kostspieliger Value Added Networks (VANs) Internet-Protokolle zur Datenübertragung." [6]

Ein Vorteil des ebXML-Projektes ist sicherlich seine modulare Ausrichtung. So wurden verschiedene Arbeitskreise gebildet, die sich der Entwicklung der jeweiligen Spezifikationen annehmen sollten. „The specifications are totally self-contained; nevertheless, design decisions within one document can and do impact the other documents" [7]. Durch diesen Ansatz konnte eine effiziente Entwicklung der einzelnen Spezifikationen erreicht werden, welche zusammen ebXML bilden. Durch die Modularität ist auch den Anwendern überlassen, welche Komponenten sie nutze wollen. So kann man z.B. nur den Messaging Service nutzen ohne sich den Komponenten aus der Entwicklungsphase zu bedienen. Sinnvoll ist dies etwa wenn sich 2 Unternehmen bereits kennen und sich nicht erst noch über die Registry suchen müssen.

Ein weiterer großer Vorteil ist die offene Architektur. So stellt ebXML gerade für kleine bis mittlere Unternehmen sowie Unternehmen aus Entwicklungsländern neue Möglichkeiten dar, da diese bisher doch meistens nur mit größerem finanziellem Aufwand den Einstieg in e-Business finden konnten.

Schließlich ist es auch der Aspekt hervorzuheben, dass sowohl eine Maschine-Maschine als auch eine Maschine-Mensch-Kommunikation möglich ist. Diese Möglichkeit bringt die Markup Language XML, auf der alle ebXML-Dokumente beruhen, naturgemäß mit sich.

Trotz aller Vorteile, wird sich ebXML an seiner hochgelegten Messlatte, ein umfassendes System zum elektronischen Nachrichtenaustausch zu liefern, messen lassen müssen. Als Konkurrent hierbei, muss auf jeden Fall das Projekt BizTalk genannt werden, mit dem Microsoft im Bereich der elektronischen Rechnungs- und Lieferabwicklung Markführer ist.

Aufgrund des ohnehin großen Marktanteils muss Microsoft hier als ernst zu nehmender Konkurrent gesehen werden, falls es gelingen sollte eine ähnliche hohe Durchdringung auf dem gesamten B2B-E-Business-Markt zu erreichen. Eine weitere Initiative auf dem Gebiet elektronischer Geschäftsabwicklung ist RosettaNet. Ihr gehören zahlreiche Firmen der IT-, Elektrotechnik- und Halbleiterindustrie an. Allerdings ist RosettaNet nicht als wirklicher Konkurrent zu sehen und hat auch schon angekündigt mit ebXML kooperieren zu wollen. So soll z.B. der ebXML Messaging Service übernommen werden. Kleinere Konkurrenten sind die proprietären Lösungen xCBL von Commerce One und cXML von Ariba. Diese Initiativen werden ebXML aber wohl nicht das Wasser reichen können.

Natürlich wird es für die Verbreitung von ebXML auch von wesentlicher Bedeutung sein, wie schnell sich weitere namhafte Unternehmen an dem Projekt beteiligen bzw. es nutzen. Schwer wird es vor allem werden, Unternehmen, die schon B2B-Technologien wie z.B. EDI nutzen und in diese bereits viele Mittel investiert haben, zum Umstieg zu bewegen. Bei vielen Unternehmen war bzw. ist auch im Moment noch eine gewisse Abwartungshaltung zu beobachten. Auf der einen Seite will man nicht die Entwicklung hin zu neuen Technologien zum elektronischen Austausch von Geschäftsdaten verschlafen. Auf der anderen Seite will man aber auch nicht auf das falsche Pferd setzen und viel Geld in einen Standard investieren, der sich dann letztendlich nicht oder nur zu geringen Teilen durchsetzen kann. Es gilt also die noch vorhandene Skepsis zu verdrängen und die Stärken von ebXML in den Vordergrund zu rücken um möglichst viele Teilnehmer zu gewinnen. Nur so kann ebXML langfristig zum globalen Standard für den Datenaustausch zwischen Unternehmen aufsteigen. Das Potential hierfür ist meiner Meinung nach jedenfalls vorhanden.

Literaturverzeichnis

[1] Weitzel, T., Harder, T., Buxmann, P. (2001): Electronic Business mit EDI und XML, Dpunkt Verlag, Heidelberg 2001.

[2] ebXML Quality Review Team (2001). ebXML Documentation Roadmap v0.93, URL: http://ebxml.org/specs/qrROAD.pdf, Verifizierungsdatum: 18.12.2005

[3] ebXML Technical Architecture Project Team (2001). ebXML Technical Architecture Specification v.1.0.4, URL: http://ebxml.org/specs/ebTA.pdf, Verifizierungsdatum: 18.12.2005

[4] OASIS/ebXML Registry Technical Committee (2001). OASIS/ebXML Registry Information Model v2.0, URL: http://ebxml.org/specs/ebrim2.pdf, Verifizierungsdatum: 18.12.2005

[5] OASIS/ebXML Registry Technical Committee (2001). OASIS/ebXML Registry Services Specification v2.0, URL: http://ebxml.org/specs/ebrs2.pdf, Verifizierungsdatum: 18.12.2005

[6] Sommergut W. (2001). Wird ebXML globaler B-to-B-Standard? URL: http://www.computerwoche.de/index.cfm?pid=816&pk=524177, Verifizierungsdatum: 18.12.2005

[7] OASIS ebXML Messaging Service Technical Committee (2001). Message Service Specification v2.0, URL: http://ebxml.org/specs/ebMS2.pdf, Verifizierungsdatum: 18.12.2005

Abbildungsverzeichnis

Seite